AF265713

DISCOVRS.

VERITABLE DE

deux Artiſans de Paris, Mareſchaux de leur Eſtat, l'vn demeurant à la porte S. Honoré, appellé Maiſtre Pierre de Rots : L'autre à la porte S. Anthoine, appellé Maiſtre Pierre Roſſe, Rapporté par vn des ſeruiteurs de la Pomme de Pin, de Paris.

M. DC. XV.

DISCOVRS VERITABLE DE

deux Artisans de Paris, Mareschaux de leurs estat, l'vn demeurant à la porte S. Honoré appellé Maistre Pierre Rots, & l'autre à la porte S. Anthoine appellé Maistre Rosse. Rapporté par vn des seruiteurs de la pomme de Pin, de Paris.

MESSIEVRS, ces festes dernieres deux Mareschaux nommez comme dessus se rencontrerent faisans leurs deuotions au bout du Pont Nostre Dame, proche la pomme de Pin, maison fort renommée, où apres plusieurs caresses ils se conuierent de faire collation en ce logis: Les voyant donc arriuez & ioyeux, comme ils estoient, ie croyois que fussent des Financiers, car ils auoient leurs beaux habits, demandans la plus belle chambre: Ie leur dis, montez en haut a la seconde estage, il y a vne chambre tapissee. Apres auoir demandé beau feu & bon vin, ie les sers comme gens, de qui ie croyois auoir mon vin à la sortie, ou si tost qu'ils eurent pris chacun deux fois la bouteille ils commencent a discourir : moy voyant ces deux Messieurs en si bon estat de discourir, ie me mis derriere la tapisserie & commãday à vn petit embrelain de les seruir: Celuy de la porte S. Anthoine demande à celuy de S. Honoré, & bien Monsieur Rots, faites vous bié vos affaires en vostre quartier: Par ma foy non, pourquoy?

D'autant que ie fuis parmy la Nobleffe, qui a plu-
ftoft l'efpee à la main qu'à la bource, & quant i'ay
fait quelque chofe pour eux, il faut que ie faffe ar-
refter mes parties auec tant de peine qu'il ne fe
peut dire, il faut parler à Monfieur l'Intendant, à
Monfieur le Maiftre, à Monfieur le Controlleur
d'Efcurie, a tant de forte de gens qu'il ne fe peut
dire de plus, & apres il faut en donner vne partie
pour auoir l'autre, autrement ie ne fuis payé de
long-temps, & qui pis eft, il aduient bien fouuent
que ie trauaille pour rien, pour autant que Meffieurs les Nobles fe coupent la gorge le plus fou-
uët, & cela eft fi commun que i'en pers la plus
grande partie de la iournee pour courir apres eux
pour les voir battre. Cela pourra eftre caufe que
i'en quitteray le quartier, il n'y a point iufques aux
laquais qui ne s'en meflent à l'exemple de leurs
Maiftres, ils paffent pardeuät vn patiffier & pren-
nent pour vn fols de petits pattez, & en partageant
ils ont oppinion qu'il y en a vn plus gros que l'autre, de là en aduient des dementis, incontinent
Meffieurs les lacquais fe donnent affination pour
s'aller battre, voila grand pitié que l'on ny donne
remede, & ce qui me fera quitter le quartier de
peur que mon voifin me donne vn dementy, &
qu'il faille que ie m'aille coupper la gorge pour
vn mot, vrayment Dieu y eft bien offencé, mais
ceux qui en font caufe en porteront le peché. Et a
voftre quartier Maiftre Roffe, faites vous bien vos
affaires, mieux qu'au voftre, il ny a que dix ans que
ie demeure à mon logis, que i'ay acquis & ay deux
mille liures de rente dedans Paris, Bon pour vous,
refpond Rots, & comment faictes vous pour tant

gangner : Ie trauaille pour Meſſieurs les Financiers, où l'argent ne couſte non plus que
l'eau de la riuiere, quand ie va à leurs logis demander de l'argent, l'on me fait entrer en la
cuiſine, on me prie de deſieuner, & apres deſ-
ieuné ſi ie demande de l'argent à Madamoi-
ſelle, elle me demande, combien vous eſt-il
deu Maiſtre Roſſe, il n'y a que vingt eſcus ma-
damoiſelle : Vrayment Maiſtre Roſſe vous
eſtes importun de me demander de l'argent
pour ſi peu, vous ſçauez bien qu'il ne me couſte pas plus à bailler cent eſcus que vingt,
Reuenez quant vos parties ſerõt plus groſſes:
Voyla comme ie vis auec le Financiers, voila
qui eſt bien dit Rots. Mais l'on dit qu'il y a de
la diablerie à leur fluſte, que Meſſieurs des
Eſtats demandent vne Chambre de Iuſtice
pour les reſueiller, que aux Gouuernemens,
il ny ſera admis que vrais François & vieux
ſeruiteurs de Roy, & ſi d'auenture il y en a à
preſent qui ſoit autre que l'on ſera priere auec
tres-humble ſupplicatiõs au Roy & à la Royne de les en oſter toutesfois en leur donnant
recompenſe ſelon leurs merites, le ſuieĉt eſt
de conſequence qu'en France l'on donne des
gouuernemens à des eſtrangers, toute la Frã-
ce y a intereſt.

Que Monſeigneur de Longue-ville ſoit
paiſible poſſeſſeur du gouuernement de ſon
pere, le recognoiſſant Prince fort fidelle au ſer
uice du Roy, cela eſt d'importance & a penſé
troubler la feſte entre Monſieur le Mareſchal
d'Ancre & Monſieur de Villeroy, ſi l'on n'euſt

A iij

ietté de l'eau dedãs ce feu, il se fut d'escouuert beaucoup de choses, mais ils sont trop fins, ils se gardent bien de mesprendre.

Que toutes les charges des finances seront mises entre les mains des plus aises nobles de la France, à celle fin qu'estans riches, ils ne s'engraissent aux despens des pauures comme ont fait les autres.

Que le mariage du Roy sera mis en deliberation dedans les trois Ordres des Estats, & que l'on prendra la pluralité des voix, & que Monsieur le Prince fera vne harágue pour ce subiet, pour entendre les raisons qui luy ont esté accordees pour la surseance, pour par apres mettre le fait en deliberation de cõclure ou rompre pour l'importance de l'affaire.

Que le conseil sera composé doresnauant de gens sçauans & Nobles, & que lors qu'on voudra faire vn Chancelier, ou vn Secretaire d'Estat, il sera afsêblé de toutes les Cours souueraines, trois des Presidents pour faire election auec leurs Majestez, d'vn recogneu par toute la France vray François, & fidelle seruiteur du Roy & de l'Estat, pour la grande importance que c'est, que de mettre des estrangers, l'on en a veu les experiences par les malheureuses descouuertures que l'on a faict des affaires secrettes du Roy, que l'on a declarees par lettres aux estrangers, tesmoins L'hoste d'Orleans.

Que au grand Conseil ny aura que gens à qui les Estats soient donnez pour leurs experience & science, & a enfans de Noble qui au-

ront gage honneste pour seruir le Roy, & le
suiure, & la taxe de leurs espisses reiglees a bien
peu, attendu qu'ils seront gagez sans finance,
& qu'ils seront plus honorez de leurs charges,
que les autres ne les ayant pas pour leurs ver-
tus & sciences.

Que la Cambre de Iustice sera establie
sans passion & que l'ō n'y mettra que gens de
bien, qui seront esleus par Messieurs des trois
Ordres, & que l'on ne receura pas les ad-
uis pour ce fait de ceux qui sont de la cabal-
le, & que Messieurs des Estats feront humbles supplications au Roy pour cet effect, &
qu'il y tiendra main forte, sans qu'elle se
puisse esteindre pour quelque somme que ce
soit qu'ils voudroient bailler, l'on a veu lors
du deffuct Roy qui la voulut establir, ils les fi-
rent condescendre a prēdre vne somme d'argent, cela a tout gasté, ils ont fait payer ceux
qui n'en auoient fait la faute, & les plus lar-
rons se sont retirez de la presse estant pres du
Soleil, cela est de Dieu & de Iustice, & d'e-
quité, le peuple vous benira, & louera Messieurs de ceste belle resolution.

Que tous les trois ordres feront humbles
prieres au Roy d'oster ceste maudite inuētion
de Paulette qui ruyne toute la France, & ne-
glige toute la ieunesse a se rendre capable des
estudes, pour n'auoir moyen d'achetter des
Offices, & s'estudie plustost a biē couler leurs
chanses, que apprendre quelque vertu pour
paruenir a quelque honorable charge, cela
cause qu'il se voit en France tant de faineants

& de traine espée dont ils n'en sont dignes.

Que sur toutes choses les duels soient defendus, & pour y paruenir, il faut confisquer le bien de ceux qui seront punis, & de ceux qui seront accusez de s'estre voulu battre, ou les faire appeller, de mesmes ceux qui les assisterôt & retireront, & ceux qui les deceleront en auront le tiers, & supplier le Roy que lors qu'il fera son bon iour, d'en faire le sermét solénel, & le faire faire de mesmes aux Princes, de ne le supplier de donner aucune grace, cela est inhumain & contre Dieu, qui en crie vengeance, & il en sera loüé.

Que toutes charges de Capitaines de Compagnies ne se pourront vendre & ne se bailleront que par merite, &a bons & fidelles François, recogneus pour tels, & qui auront fait seruice au Roy.

Qu'il sera fait humble supplication au Roy, nonobstant toute la Remôstrance de Monsieur le Chancelier, qu'il aye pitié de son paure peuple qui crie vengeance deuant Dieu pour leur pauureté, qu'il leur face diminution d'vn tiers des Tailles, son regne en sera meilleur, & tout le peuple le benira & priera pour sa prosperité, si il ne le fait, il encourra l'indignation de Dieu & de son peuple. Le remede y est tout formel, qu'il oste toutes les pensions des gens de neant qui en ont, & qu'il n'en dône a personne qu'aux Princes du sang, & aux Officiérs de la Couronne, & à ceux qui le seruent & le public pour leurs merites. Il trouuera plus de fonds qu'il ne faut; l'exessiue

despance

despence que faisoit le Roy à ses bastimens
est esteincte, leric n'est pas en regne comme
il estoit de son viuant, il n'y a plus de maistresse
a entretenir. Messieurs des Estats aduisez a cela & ne cessez de crier pour ce pauure peuple,
Dieu vous en sçaura gré, & le peuple vous
loüera & priera pour vous.

Que la marchandise du sel soit libre & que
le pauure peuple qui est tant chargé en soit de-
chargé par tant de pilleries qui se font par tous
les pays de Gabelle, l'on ne voit que pleurs &
clameurs des pauures, par tout ou l'on passe
l'on vend les licts surquoy ils couchent, pour
contraindre d'achepter du sel, n'est-ce pas
grand pitié de dire qu'vne manne qui vient de
Dieu sans main mettre, soit venduë si chaire,
vous me direz, ouy, mais le Roy en tire vn
grand renenu qui l'acquite de plusieurs charges que ses predecesseurs Rois l'ont chargé. Ie
respond a cela, & vous diray qu'il se trouuera
assez de gens qui prendront le party & acquit-
teront le Roy de ses charges, & rendront autant de bon en ses coffres que font a present
les fermiers. Qu'il oste tous ces officiers qui
ont esté establis pour cet effet, & qu'il prenne
sur le pied la taxe qui sera faite du muid, & par
ce moyen ils ne seront pas trompez par tant de
faulx saulniers, & tout le monde iouïra de ce
don de Dieu qui est donné en France particu-
lierement. Mais vous me direz, le fonds pour
rembourcer les Officiers, ils ont assez desrobé
pour estre rembourcez, ils seront quittes a bon
marché, si l'on les laisse en repos & que l'on

lenr donne abfolution de toutes leurs mef-
chancetez, s'ils paffent par la Chambre de Iuftice, & que l'on informe contre-eux fe fera
grande pitié. Vous me direz, ceux qui ont leurs
Offices depuis peu de temps ne peuuent point
auoir tant defrobé que les autres. Que fera
on d'eux, a la verité il faudra prendre leur
rembourfement fur la Chambre de Iuftice, &
leur diminuer ce que l'on trouuera eftre mal
pris depuis qu'ils font en charge.

Que deffences foyent faictes fur peine de
groffe amende a toute perfonne de quelque
qualité qu'ils foient, de n'auoir en leurs mai-
fons meubles de foye, paffemens & frange
d'or, hors mis les Princes, Seigneurs, & Officiers de la Couronne, pour l'exeffiue defpence
qui fe faict, & la quantité d'or & d'argent qui
fort de France pour ceft effet.

Que deffeuces foyent faictes fur mefmes
amandes, de n'acheter tapifferie que celle qui
fe fait en France, & qu'il ny aye que ceux qui
font Officiers qui puiffent tenir plus d'vne
chambre tapiffee, attendu les grands deniers
qui vont en Flandre pour ce fubiet.

Que deffences foient faites horsmis les officiers, de ne s'abiller de foye fur mefmes peines, & aux femmes qui ne feront de qualité de
poter perles, diamans, & autres pierreries,
pour l'exeffiue defpence qu'ils font en ces ba-
gatelles, dequoy noftre or & argent fort de
France.

Que Meffieurs les Marchans auront doref-
nauant plus d'authorité dedans l'Eftat qu'ils

n'ont, qu'ils ne seront plus si chargez de daces,
& que la marchandise aura plus libre commer-
ce & auec plus d'authoritez, & qu'ils auront
charges publiques aux Villes pour les honorer
pour remarque que sont eux qui les font va-
loir & par qui le peuple vit, & non par la voye
des Officiers.

Que deffenses seront faictes aux Marchands
de ne faire instruire leurs enfans a autres con-
ditions que de l'exercice de marchandise, pour
autant qu'il aduient que souuent ils les font
instruire aux lettres, ou aux Finances, & par ce
moyen les bonnes maisons de Marchands se
fondent, & ne voit-on apresent de bon mar-
chant en France que des estrangers, qui est a la
grande honte des François, qu'ils veulent &
souffrent que les estrangers emportent le bien
qui leur est acquis dedans leur Royaume, &
se mocque d'eux.

Que doresnauant nulle femme ne pourra
prendre l'attour de Damoiselle, si elle n'espou-
se vn Officier de la maison du Roy & a la Iustice, & que celle des Presidens & Conseillers &
gens du Roy & des chefs de Finances.

Que les carosses seront deffendus sinon a
ceux qui auront qualité requise, comme Princes Seigneurs, Barons, Presidents, Conseillers,
& messieurs du Conseil, & les chefs des Finances comme Super-intendans, Intendant
Messieurs les Tresoriers de l'Espargne ordi-
naire & extraordinaire, cela est de trop grand
entretien, & cause que l'on reçoit trop d'in-
commoditez dedans Paris, & aussi pour en

retenir le train du carosse, il faut trop desrober
le peuple.

Que nul carosse n'entrera au dedans de
la court du Louure qui ne soit à Prince ou
Princesse, & que les armes soient à leurs Carosses, & que Messieurs les Princes & Prin-
cesses du sang, qu'ils facent mettre au lieu de
clouds plats à leurs Carosses des Fleur-delis,
leur vraye marque est recogneuë entre les autres & celle de Monsieur le Chancellier, pour
l'honneur de son office, qu'elle soit tousiours
couuerte de violet pour cognoistre la grandeur
de sa charge.

Que Messieurs les Princes du Sang seront
recogneus en leurs charges, & auec tous les
honneurs qui leur est requis, que nul Prince
n'entreprenne de venir au pair auec eux, se
sont nos fondemens, il les faut honorer & leur
bailler pension honneste pour les entretenir.
& les obliger à demeurer pres du Roy. C'est la
grandeur & son asseurance de les auoir pres
de luy l'histoire en est toute pleine, car quant
ils ont du mescontentement, & qu'ils sont ab-
sens, cela fait troubler tout le peuple, nous en
auons assez veu l'experience à nos dernieres
miseres, que l'on a faict en serte de les disgra-
cier & les chasser hors de la Cour en sorte que
ils ont esté contraincts de changer leur Religion pour leur vanger des iniures qui leurs
auoient esté faites en Cour. C'est pourquoy il
est necessaire de les rendre contans, ils sont
enfans de la maison & peuuent estre nos
Roys, & leurs aduersaires ne peuuent que rui-
ner l'Estat.

Que Messieurs les Princes du sang, & Messieurs les trois Ordres de l'Estat seront suppliés tres-humblement d'aller supplier auec grande humilité le Roy & la Royne sa mere de chercher les moyens de faire forte estroite recherche de la mort de nostre inuincible Henry le Grand, que Dieu absolue qui a esté tué si inhumainement & au milieu de sa Babylonne si bien ornée & qui deuoit receuoir ce grand contentement de voir l'entrée de sa tres-illustre femme la Royne, qui est vn acte que le sang crie vengeance contre les François, & criera iusqu'a l'eternité. Tous les peuples estrangers en parlet si mal, tous les bons François le pleurent tous les iours voyant l'estat des affaires, se souuenât de tant de peines qu'il auoit pris pour l'amour de nous, & nous mettre en repos: Il n'y a cœur si bon tant de petite condition qu'il soit en France qui ne despendist du sien pour ce subiet, mesmes y espandroient leur propre sang, Sire, vostre Maiesté n'entre-prendra elle pas ceste vengeance, Madame n'aurez-vous pas le cœur tremblant de voir les prieres de tous ces peuples qui vous reclament a recouurir vostre honneur, n'y apporterez-vous point la main forte a ce si digne vœu que font tous les subiets du Roy vostre fils, & de tous les estrangers, ie m'asseure que si ferez, & ce faisant vous vous couronnerez, comme vous estes Royne, mais d'vne gloire eternelle, ce sont les vœux de ses deux pauures Mareschaux, Artisans de vostre ville de Paris, qui tous les iours prient l'Eternel pour la pros-

penté du Roy voſtre fils & de vous, & de rou-
te la maiſon Royalle, que Dieu les comble de
roure benediction.

Que Meſſieurs des Eſtats iront faire tres-
humble ſupplication au Roy & à la Royne,
qu'il leur plaiſe enuoyer querir Meſſieurs de
la Cour de Parlement, pour donner vn Arreſt
irreuocable contre tous Imprimeurs, Librai-
res, vendeurs de liures & Almenacs de ne faire
imprimer, ny imprimer, ne vendre, ny faire
vendre aucun liure, libelle diffamatoire qui
parlent contre l'authorité du Roy, de la Royne, & de Meſſieurs les Princes du Sang, & qu'-
au contraire perſonne ne ſoit recherché pour
eſuenter les torts qu'on faict a leurs Maieſtez,
& que ceux qui ont pitié des miſeres du peuple, en deſcouurans les larrecins indicibles, ne
ſoient accuſez pour criminels: mais pluſtoſt
eſtimez comme bons François, qui portent
vne partie des peines qu'endure ce pauure
peuple. Il eſt vray, Ceſt vne vergongne aux
François: mais ie ne crois pas que ce ſoyent
François, ains pluſtoſt triacleurs & vendeurs
de catholicon qui ſouz la cappe d'vn François
vomiſſent telles infamies contre nos Roys
& nos Princes enuers tous les eſtrangers, de
dire, qu'ils parlent ſi librement contre leurs
Roys, & ceux de ſon ſang Cela diminue
fort leurs authoritez, il n'y a pas iuſques a
des Payſans qui ne ſe veulent meſler de de-
tracter contre tous les Princes, en general
& en particulier de Monſieur le Prince, le

nommant dedans ses Remonstrances, ils n'ont
point esté nourris dedans nos escoles, ou nos
peres nous ont appris à prier Dieu pour la
prosperité & santé du Roy, de la Royne, & de
tous Messieurs les Princes du Sang. Cela de-
uroit estre puny rigoureusement, que nous
voyans en l'estat où nous sommes Dieu mer-
cy, il soit libre de parler si librement de nos
Princes, les Roys & Princes nos voisins nous
en donnent la leçon. Il est deffendu en Espa-
gne de parler du Roy & des Princes, en peine
de l'Inquisition, en Angleterre d'estre pendu,
& mesmes en Turquie en peine d'estre em-
pallez, vous y aduiserez Messieurs afin d'e-
steindre le cours de ses libelles qui commence
a courir, ce ne sont pas vrais François, ils tien-
nent encore du vieux leuain, & si nous croyós
que ce sont les mesmes paysans qui ont fait
courir le bruit que Mõsieur le Prince se faisoit
instruire a la Religion reformée, ce sont les
inuentions de ses ennemis pour tousiours luy
donner du mescontentement, & le faire eslor-
gner de la Cour, cela est mal seant a des seruiteurs qui mangent le pain de son maistre, &
dire pis que pendre de luy a sa table, & en la
presence des autres, ils doiuent estre chassez à
coup de baston, cela n'est pas de mesme des
Roys & Princes, il y va de la vie vous y aduiserez.

Vous ferez tres humbles prieres au Roy &
à la Royne d'aymer & cherir Monsieur le
Prince, c'est l'asseurance de tous les bons François, & le maintien de l'authorité Royalle

qu'elle luy donne libre communication des
affaires de cet Estat, & le retienne prés d'elle
le plus qu'elle pourra, qu'elle ne luy donne pas
congé de sortir de la Cour si souuent pour les
accidens qui en peuuent arriuer, tous les bons
François, & qui ont l'ame Bourbonne en di-
ront de mesme que nous, & si sçauons tous
qu'il aime le Roy de tout son cœur, & la Royne: Tous ceux qui l'entendent discourir tes-
moigneront auec nous nostre dire, que quant
il parle du Roy & de la Royne, que ce n'est
qu'auec tous les honneurs requis à leur grandeur. C'est le subiect pourquoy nous vous en
supplions, & qu'il aye libre accez auec le Roy,
à celle fin de l'instruire des affaires de son Estat
en ayant l'experience & interest à la conser-
uation, qu'il soit tousiours en bonne intelli-
gence auec le Roy & la Royne, cela fera fon-
dre toutes les nuées qui sont demeurées en
nostre France de nos dernieres miseres, ny
ayant point de meilleur remede que celuy-
là. Adieu.